Devociones y oraciones para la hora santa ante el Santísimo Sacramento

Una Publicación Pastoral Redentorista

Reunidas por el
Hermano Daniel Korn, CSsR

Liguori

Imprimi Potest:
Richard Thibodeau, CSsR
Provincial de la Provincia de Denver
Los Redentoristas

Imprimatur:
Reverendo Joseph F. Naumann
Obispo auxiliar/vicario general, Arquidiócesis de St. Louis

Librería del Congreso número de la tarjeta del catálogo: 2002108174
ISBN 0-7648-0974-3

Impreso en Estados Unidos
24 23 22 21 20 / 7 6 5 4 3

Algunas de las citas han sido tomadas de la *Biblia de América,* cuarta edición, 1994.

Las citas del Catecismo han sido tomadas del *Catecismo de la Iglesia Católica*, Libreria Editrice Vaticana, 1997.

Las citas de la Liturgía de las Horas fueron tomadas de *Liturgía de las Horas del Pueblo,* Editorial Alba, 1973.

Diseño de la portada: Jodi Hendrickson

Para pedidos, llame al 800-325-9521 o visitar Liguori.org

Dedico este librito a
la memoria del
Hermano Florian Shalowski, CSsR
de cuya vida ejemplar aprendí
lo valioso de la adoración ante el
Santísimo Sacramento.

Índice

Oración por la Unidad Cristiana
dentro de la portada

La Adoración de la Eucaristía 9

El Rito de la Bendición con el Santísimo Sacramento 14

Adoración del Santísimo Sacramento 14

El Rito de la Exposición y Bendición Eucarística 15

La Exposición 15

La Bendición 17

Pasajes bíblicos para la meditación ante el Santísimo Sacramento 19

La Liturgia de las Horas 26

La Oración de la mañana para los lunes, miércoles y viernes 26

La Oración de la mañana para los martes, jueves y sábados 30
La Oración de la mañana para los domingos 32
La Oración del mediodía 34
La Oración de la tarde para los lunes, miércoles y viernes 37
La Oración de la tarde para los martes, jueves y sábados 41
La Oración de la tarde para los domingos 43
Oraciones para los diferentes tiempos del año litúrgico 45
Oración durante el Tiempo de Adviento 46
Oración durante el Tiempo de la Navidad 47
Oración durante el Tiempo de Cuaresma 47
Oración durante el Tiempo de Pascua 48
Oración para el Tiempo de Pentecostés 49
Oración para el Tiempo Ordinario 50
Cómo hacer una Hora Santa 51
La práctica de la adoración eucarística 52
Un acto de comunión espiritual 55

Oraciones a Jesús presente en el Santísimo Sacramento 56

Visitas al Santísimo por San Alfonso 56

Comunión espiritual 58

Oraciones del corazón 59

Acto de adoración 60

Oración a Jesús sacramentado 60

Oraciones breves al corazón eucarístico de Jesús 61

Oraciones para después de la Misa 63

Oración a Jesús en la Cruz 63

Alma de Cristo (Anima Christi) 64

Oración de San Francisco de Asís 64

Oración recitada por San Juan XXIII 65

Oración de San Columbano 66

Oraciones para rezar en el día 68

Oración a Jesucristo 68

Tres oraciones breves 69

Oración a María 69

La enseñanza de la Iglesia sobre la Eucaristía 70

¡En Adelante! 75

Plegaria a Jesucristo Eucaristía 76

La Adoración de la Eucaristía

Por todo el mundo católico la devoción al Santísimo Sacramento está aumentando. Grupos dedicados a la adoración perpetua se forman en varias diócesis, hay parroquias que están dedicando horas especiales para la adoración ante el Santísimo Sacramento expuesto en la custodia sobre el altar.

La oración y adoración al Santísimo Sacramento puede hacerse personalmente o en grupo cuando se expone, muchas veces, después de Misa. En la carta celebrando los 750 años del aniversario de la solemnidad del Cuerpo y Sangre de Cristo santo Juan Pablo II dijo "Al quedarnos en silencio delante del Santísimo Sacramento, es Cristo totalmente y realmente presente a quien descubrimos, a quien le adoramos y es el mismo con quien estamos en contacto".

Este librito es para animar a las personas que tienen una devoción especial al Santísimo Sacramento; estas oraciones les ayudarán a tener una relación íntima con Jesucristo como discípulos y amigos del Señor. Su presencia en el sacramento del altar es un don para nosotros. En el Evangelio de San Juan, Jesús nos dice: "Yo soy el pan de vida. El que viene a mí no volverá a tener hambre; el que cree en mí nunca tendrá sed" (Juan 6,35). El tiempo que se dedica a la oración y adoración ante el Santísimo es un tiempo que nutre y alimenta nuestra vida espiritual. Es Jesús quien alimentará nuestros corazones hambrientos y quitará nuestra sed. Al dedicar tiempo en silencio a reflexionar en la presencia de Jesús en la eucaristía, nuestras mentes y nuestros corazones se abren al profundo significado del evangelio. Destinar un tiempo a estar en la presencia de Jesús sacramentado se vuelve un tiempo sagrado y uno de sus frutos es que podemos recibir ayuda para vivir mejor nuestra vida diaria.

Toda adoración hacia Jesús sacramentado surge de una fuente, el sacrificio de la Misa.

Santo Juan Pablo II dijo: “La oración de alabanza ante la presencia del Santísimo une a los fieles al misterio pascual; les permite tomar parte en el sacrificio de Cristo del cual la Eucaristía es el sacramento permanente” (*Carta de la Fiesta de Corpus Christi*).

En la celebración de la Misa entramos en el misterio de la muerte y resurrección de Jesucristo. Nos reunimos para escuchar la Palabra de Dios proclamada en las escrituras y se nos explican en la homilía, hacemos nuestras peticiones y ofrecemos el pan y vino que serán transformados en el Cuerpo y Sangre de Jesucristo. Recibimos al Señor en la comunión y finalmente somos enviados para ser la presencia viva de Jesucristo en el mundo.

Las formas tradicionales de adoración a la eucaristía son las procesiones, la Bendición con el Santísimo, adoración perpetua y visitas al Santísimo Sacramento; éstas son prácticas que pueden ser conocidas a muchas personas católicas. Deben apreciarse tanto las formas tradicionales como las devociones que han surgido después del Concilio Vaticano II, el cual restauró un rito de veneración y adoración al Santísimo Sacramento. El nuevo énfasis se pone en la celebración comunitaria de la eucaristía y también en la continuación de la celebración para que vivamos fielmente el espíritu del misterio de la presencia de Cristo dentro de nuestras vidas.

Para las personas que desean tener una relación íntima con Jesús sacramentado, hay mucho que se puede aprender si nos sentamos en silencio en oración a los pies del Maestro. Hay libros de oraciones que nos pueden ayudar a empezar esta relación pero sobre todo es la disposición personal la que verdadera cuenta, son las palabras del corazón las que Jesús quiere escuchar.

La adoración al Santísimo Sacramento no reemplaza la celebración comunitaria de la eucaristía. *(Vea* La enseñanza de la Iglesia sobre la Eucaristía, *página 70.)* Lo que debe considerarse seriamente es tratar de conocer sobre este sacramento de la Eucaristía, ya sea leyendo algún libro o asistiendo a una plática que trate este tema.

"Vengan a mí todos los que están fatigados y agobiados, y yo los aliviaré" (Mateo 11,28). Aquí hay una invitación de Jesús para todos los que buscan una relación íntima con Él. Es en su presencia en la eucaristía donde encontramos descanso y fuerza para el camino de fe. Después de treinta y tres años como Hermano religioso, me doy cuenta que la adoración a la eucaristía en silencio es un tipo de oración que me sana el alma y que me da ánimo para vivir según el evangelio. Cuando estaba en la primera parte de mi formación religiosa, un Hermano religioso anciano me dijo muchas veces: "Ve al Maestro Jesús. Él está presente en el Santísimo Sacramento y está esperando que lo visites".

Qué por su devoción a la eucaristía, conozcan al Señor de manera nueva y más profunda.

El Rito de la Bendición con el Santísimo Sacramento

Adoración del Santísimo Sacramento

Durante la exposición debe haber oraciones, himnos, y lecturas para dirigir la atención de los fieles al culto de Cristo el Señor. Para animar un espíritu de oración deben seguirse lecturas de las Escrituras, acompañadas de una homilía o exhortación breve para desarrollar una mejor comprensión del misterio eucarístico. También es deseable que las personas respondan a la Palabra de Dios con cantos, himnos o dedicando tiempo en silencio.

Los ritos de la Iglesia católica, Vol. I

El Rito de la Exposición y Bendición Eucarística

La Exposición

Cuando la asamblea de los fieles canta un himno eucarístico, el sacerdote o ministro se acerca al santuario y hace un acto de reverencia. Entonces remueve el sacramento del tabernáculo y lo pone en la custodia, la cual se pone sobre el altar, después inciensa el Santísimo Sacramento.

Puede leerse una lectura de la Biblia desde el ambón y entonces hay un momento de silencio. El sacerdote o ministro se sienta.

Escoge una de las siguientes lecturas.

Juan 21,1-9
Juan 14,1-2
Juan 12,44-50

Mateo 5,13-16
Lucas 11,5-13

Un pasaje bíblico eucarístico

Escoja uno de los pasajes bíblicos para la meditación ante el Santísimo Sacramento, páginas 19-25.

La Liturgia de las Horas

En lugar de una sola lectura de las escrituras, es apropiado rezar con otras personas alguna lectura de la Liturgia de las Horas, páginas 26-44.

Recen *la oración de la mañana* (laudes) cada mañana, *la oración del mediodía* a las doce del día o hasta la primera parte de la tarde, y *la oración de la tarde* (vísperas) en la tarde cuando empieza a oscurecer.

Al estar en adoración no es apropiado rezar el rosario u otras oraciones devotas a los santos, ya que la bendición y adoración tienen el propósito de dar nuestra atención a rendir culto a Jesucristo.

Después sigue una homilía y un período de silencio.

La Bendición

Después del silencio, él que dirige la ceremonia regresa al altar e inciensa el Santísimo Sacramento mientras se canta un himno eucarístico. Entonces, estando de pie canta o recita la oración siguiente u otra opcional:

Señor Jesucristo,
que en este sacramento admirable nos dejaste
el memorial de tu pasión,
concédenos venerar de tal modo los sagrados
misterios de tu Cuerpo y de tu Sangre,
que experimentemos constantemente en noso-
tros el fruto de tu redención.
Tú que vives y reinas con el Padre en la unidad
del Espíritu Santo, y eres Dios, por los siglos
de los siglos.
Amén.

Los Ritos, Vol. I

El que dirige la ceremonia toma la custodia y en silencio hace la Señal de la Cruz sobre la asamblea de los fieles. Después de la bendición con el Santísimo, la Eucaristía inmediatamente es llevada al tabernáculo, entonces el sacerdote o ministro hace un acto de reverencia en el santuario y regresa a la sacristía mientras la asamblea canta una aclamación o himno.

Si no se hace algún canto, entonces el Cántico de Simeón puede recitarse mientras el sacerdote o ministro deja el altar.

El Cántico de Simeón

Todos: Ahora, Señor, según tu promesa, puedes dejar a tu siervo irse en paz, porque mis ojos han visto a tu Salvador, a quien has presentado ante todos los pueblos, luz para alumbrar a las naciones, y gloria de tu pueblo Israel.

Gloria al Padre, y al Hijo, y al Espíritu Santo, como era en el principio, ahora y siempre, por los siglos de los siglos. Amén.

Pasajes bíblicos para la meditación ante el Santísimo Sacramento

Estos pasajes de la Biblia, escogidos por sus temas fuertes eucarísticos, se puedan usar para meditar. Al elegir uno y leerse despacio, déjese dirigir más profundamente en oración tranquila delante del Señor.

> Y ya que tenemos en Jesús, el Hijo de Dios, un sumo sacerdote eminente que ha penetrado en los cielos, mantengámonos firmes en la fe que profesamos. Pues no es él un sumo sacerdote incapaz de compadecerse de nuestras flaque-

zas, sino que ha sido probado en todo como nosotros excepto en el pecado. Acerquémonos, pues, con plena confianza al trono de la gracia, a fin de obtener misericordia y encontrar la gracia de un socorro oportuno.

Hebreos 4,14-16

Cristo es la imagen del Dios invisible, el primogénito de toda criatura, porque en él fueron creadas todas las cosas, las del cielo y las de la tierra, las visibles y las invisibles: tronos, dominaciones, poderes, potestades, todo lo ha creado Dios por él y para él. Cristo existe antes que todas las cosas y todas tienen en él su consistencia. El es también la cabeza del cuerpo, que es la iglesia. El es el principio de todo, el primogénito de los que triunfan sobre la muerte, y por eso tiene la primacía sobre todas las cosas. Dios, en efecto, tuvo a bien hacer habitar en él toda la plenitud, y por medio de él reconciliar consigo todas las cosas, tanto las de la tierra como las del cielo, trayendo la paz por medio de su sangre derramada en la cruz.

Colosenses 1,15-20

Más aún, pienso incluso que nada vale la pena si se compara con el conocimiento de Cristo, Jesús, mi Señor. Por él he sacrificado todas las cosas, y todo lo tengo por estiércol con tal de ganar a Cristo y vivir unido a él con una salvación que no procede de la ley, sino de la fe en Cristo, una salvación que viene de Dios y se funda en la fe. De esta manera conoceré a Cristo y experimentaré el poder de su resurrección y compartiré sus padecimientos hasta asemejarme a él en su muerte, a ver si así logro la resurrección de entre los muertos. No pretendo decir que haya conquistado la meta o conseguido la perfección, pero me esfuerzo a ver si la conquisto, por cuanto yo mismo he sido conquistado por Cristo Jesús. Yo, hermanos, no me hago ilusiones de haber conquistado la meta; pero eso sí, olvidando lo que he dejado atrás, me lanzo lleno para conseguir lo que está delante y corro hacia la meta, hacia el premio al que Dios me llama desde lo alto por medio de Cristo Jesús. Esto deberíamos pensar los que nos creemos maduros en la fe. Y si piensan de modo diferente, que Dios le haga ver claro también esto. En todo caso, permanezcamos firmes en lo que hemos logrado.

Filipenses 3,8-16

Por lo que a mí toca, del Señor recibí la tradición que les he transmitido, a saber, que Jesús, el Señor, la noche en que iba a ser entregado, tomó pan y, después de dar gracias, lo partió y dijo: «Esto es mi cuerpo entregado por ustedes; hagan esto en memoria mía.» Igualmente, después de cenar, tomó el cáliz y dijo, «Este cáliz es la nueva alianza sellada con mi sangre; cuantas veces beban de él, háganlo en memoria mía.» Así pues, siempre que coman de este pan y beban de este cáliz, anuncian la muerte del Señor hasta que él venga.

1 Corintios 11, 23-26

Yo soy el pan de la vida. Sus padres comieron el maná en el desierto y, sin embargo, murieron. Este es el pan que ha bajado del cielo para quien lo coma no muera. Jesús añadió: —Yo soy el pan vivo bajado del cielo. El que come de este pan, vivirá para siempre. Y el pan que yo daré es mi carne. Yo la doy para la vida del mundo. Esto provocó una fuerte discusión entre los judíos, los cuales se preguntaban: —¿Cómo puede éste darnos a comer su carne?" Jesús les dijo: —Yo les aseguro que si no comen la carne del Hijo del hombre y no beben su sangre, no tendría vida en ustedes. El que come mi carne y bebe mi sangre tiene vida eterna, y yo lo resucitaré el último día. Mi carne es verdadera comida y mi sangre es verdadera bebida. El que come mi carne y bebe mi snagre vive en mí y yo en él. Como el Padre que me envió posee la vida y yo vivo por el, así también, el que me coma vivirá por mí. Este es el pan que ha bajado del cielo; no como el pan que comieron sus antepasados. Ellos murieron; pero él que coma de este pan, vivirá para siempre.

Juan 6,48-58

¡Qué deliciosa es tu morada,
Señor todopoderoso!
Me consumo anhelando los atrios del Señor,
todo mi ser se estremece de
alegría ansiando al Dios vivo.

En tus altares, Señor,
todopoderoso, rey y Dios mío,
hasta el gorrión ha encontrado una casa,
y la golondrina un nido
donde pone sus polluelos.
Dichosos los que viven en tu
casa y te alaban siempre;
dichoso el que encuentra en ti su fuerza
y peregrina hacia ti con sinceridad
de corazón.

Al pasar por Valle Arido,
lo convierten en manantiales;
la lluvia de otoño lo cubre de bendiciones.
Caminan animosos, para ver a Dios en Sión.

¡Señor, Dios todopoderoso,
escucha mi súplica,
atiéndeme, Dios de Jacob!
Oh Dios, escudo nuestro, mira;
fíjate en el rostro de tu ungido.

Vale más un día en tus atrios
que mil en mi casa;
prefiero el umbral de la casa de mi Dios

a vivir en las tiendas del malvado.
Porque el Señor es sol y escudo,
Dios concede gracia y gloria;
el Señor no niega nada a los
que proceden honradamente.
Señor todopoderoso,
dichoso el hombre que confía en ti.

Salmo 84

Jesús les contestó —Yo soy el pan de vida. El que viene a mí no volverá a tener hambre; el que cree en mí nunca tendrá sed. Pero ustedes, como ya les he dicho, no creen, a pesar de haber visto. Todos los que me da el Padre vendrán a mí, y yo no rechazaré nunca al que venga a mí. Porque yo he bajado del cielo, no para hacer mi voluntad, sino la voluntad del que me envió. Y su voluntad es que yo no pierda a ninguno de los que él me ha dado, sino que los resucite en el último día. La voluntad de mi Padre es que todos los que vean al Hijo y crean en él tengan vida eterna, y yo los resucitaré en el último día.

Juan 5,35-40

La Liturgia de las Horas

La Oración de la mañana

para los lunes, miércoles y viernes

V/. Dios mío, ven en mi auxilio.
R/. Señor, date prisa en socorrerme.
V/. Gloria al Padre, y al Hijo, y al Espíritu Santo,
R/. Ahora y siempre, Amén.

Salmo 113

Antífona: El que come mi carne y bebe mi sangre vive en mí, dice el Señor.

Alabad, siervos del Señor
Alabad el nombre del Señor.
Bendito sea el nombre del Señor;

ahora y siempre:
de la salida del sol hasta su ocaso,
alabado sea el nombre del Señor.

El Señor se eleva sobre todos los pueblos,
su gloria sobre los cielos.
¿Quién como el Señor Dios nuestro,
que se eleva en su trono
y se abaja para mirar
al cielo y a la tierra?

Levanta del polvo al desvalido,
alza de la basura al pobre,
para sentarlo con los príncipes,
los príncipes de su pueblo;
a la estéril le da un puesto en la casa,
como madre feliz de hijos.

Gloria al Padre, y al Hijo, y al Espíritu Santo.
Como era en el principio,
ahora y siempre por los siglos de los siglos.
Amén.

ANTÍFONA

Lectura Bíblica

Esta lectura puede tomarse de la lectura del día o de uno de los pasajes del evangelio que se encuentran en las páginas 19-25.

Reflexión en Silencio

El Cántico de Zacarías

(Lucas 1,68-79)

Bendito sea el Señor, Dios de Israel, porque ha visitado y redimido a su pueblo, suscitándonos una fuerza de salvación en la casa de David, su siervo, según lo había predicho desde antiguo por boca de sus santos profetas.

Es la salvación que nos libra de nuestros enemigos y de la mano de todos los que nos odian; ha realizado así la misericordia que tuvo con nuestros padres, recordando su santa alianza y el juramento que juró a nuestro padre Abraham.

Para concedernos que, libres de temor, arrancados de la mano de los enemigos, les sirvamos con santidad y justicia, en su presencia, todos nuestros días.

Y a ti, niño, te llamarán profeta del Altísimo, porque irás delante del Señor a preparar sus caminos, anunciando a su pueblo la salvación, el perdón de sus pecados.

Por la entrañable misericordia de nuestro Dios, nos visitará el sol que nace de lo alto, para iluminar a los que viven en tiniebla y en sombra de muerte, para guiar nuestros pasos por el camino de la paz.

Gloria al padre, y al Hijo, y al Espíritu Santo. Como era en el principio, ahora y siempre por los siglos de los siglos. Amén.

Intercesiones

Señor, escucha la súplica que te ofrezco por todos los necesitados.

Señor, ruego por la Iglesia. Que siempre sea fiel al evangelio.

Señor, recuerda a los no tienen alimento, techo o un trabajo apropiado.

Señor, acuérdate y bendice a mis seres queridos.

(Mencione sus intenciones personales.)

El Padre Nuestro

Oración Final

Dios todopoderoso, nos has dado un día nuevo. Te alabamos y damos gloria. Llena nuestros corazones con un amor hacia ti, aumenta nuestra fe y en tu misericordia protégenos en este día.

Te lo pedimos por Jesucristo, nuestro Señor, tu Hijo, que vive y reina contigo en la unidad del Espíritu Santo, un Dios, por los siglos de los siglos. Amén.

(Vea las oraciones para los Tiempos Litúrgicos del año en las páginas 45-50, para escoger otra oración.)

La Oración de la mañana

para los martes, jueves y sábados

V/. Dios mío, ven en mi auxilio.
R/. Señor, date prisa en socorrerme.
V/. Gloria al Padre, y al Hijo, y al Espíritu Santo,
R/. Ahora y siempre, Amén.

Salmo 111

Antífona: Jesús siempre había amado a los suyos que estaban en el mundo, pero ahora llevó su amor hasta el final.

Doy gracias al Señor de todo corazón
en compañía de los rectos, en la asamblea.
Grandes son las obras del Señor,
dignas de estudio para los que aman.

Esplendor y belleza son su obra,
su generosidad dura para siempre;
ha hecho maravillas memorables,
el Señor es piadoso y clemente.

El da alimento a sus fieles,
recordando siempre su alianza;
mostró a su pueblo la fuerza de su poder,
dándoles la heredad de los gentiles.

Justicia y verdad son las obras de sus manos,
todos sus preceptos merecen confianza:
son estables para siempre jamás,
se han de cumplir con verdad y rectitud.
Envió la redención a su pueblo,

ratificó para siempre su alianza,
su nombre es sagrado y temible.
Primicia de la sabiduría es el temor del Señor,
tienen buen juicio los que lo practican;
la alabanza del Señor dura para siempre.

Gloria al padre, y al Hijo, y al Espíritu Santo.
Como era en el principio, ahora y siempre por los siglos de los siglos. Amén.

ANTÍFONA

(*Vea las páginas 28-30* para la lectura bíblica, reflexión, cántico, intercesiones, el Padre Nuestro, *y* oración final.)

La Oración de la mañana

para los domingos

V/. Dios mío, ven en mi auxilio.
R/. Señor, date prisa en socorrerme.
V/. Gloria al Padre, y al Hijo, y al Espíritu Santo,
R/. Ahora y siempre, Amén.

Salmo 63

Antífona: Alabaré tu nombre por siempre, Señor.

¡Oh Dios!, tú eres mi Dios, por ti madrugo,
mi alma está sedienta de ti;
mi carne tiene ansia de ti,
como tierra reseca, agostada, sin agua.

¡Cómo te contemplaba en el santuario
viendo tu fuerza y tu gloria!
Tu gracia vale más que la vida,
te alabarán mis labios.

Toda mi vida te bendeciré
y alzaré las manos invocándote.
Me saciaré de manjares exquisitos,
y mis labios te alabarán jubilosos.

Antífona

(Vea las páginas 28-30 para la lectura bíblica, reflexión en silencio, el cántico, intercesiones, el Padre Nuestro *y* oración final.*)*

La Oración del mediodía

V/. Dios mío, ven en mi auxilio.
R/. Señor, date prisa en socorrerme.
V/. Gloria al Padre, al Hijo, y al Espíritu Santo,
R/. Ahora y siempre, Amén.

Salmo 138

(Salmo 84, páginas 23-25, puede sustituir el Salmo 138.)

Antífona: El pan que yo daré es mi carne para la vida del mundo.

Te doy gracias, Señor, de todo corazón;
delante de los ángeles tañeré para ti,
me postraré hacia tu santuario,
daré gracias a tu nombre;

por tu misericordia y tu lealtad,
porque tu promesa supera a tu fama;
cuando te invoqué, me escuchaste,
acreciste el valor en mi alma.

Que te den gracias, Señor, los reyes de la tierra
al escuchar el oráculo de tu boca;

canten los caminos del Señor,
porque la gloria del Señor es grande.

El Señor es sublime, se fija en el humilde,
y de lejos conoce al soberbio.
Cuando camino entre peligros,
me conservas la vida;
extiendes tu izquierda contra la ira de mi enemigo,
y tu derecha me salva.

El Señor completará sus favores conmigo:
Señor, tu misericordia es eterna,
no abandones la obra de tus manos.

Gloria al Padre, y al Hijo, y al Espíritu Santo.
Como era en el principio, ahora y siempre por los siglos de los siglos. Amén.

ANTÍFONA

LECTURA BÍBLICA

(Lea el evangelio siguiente, o una selección de las páginas 19-25.)

Durante la cena, Jesús tomó pan, pronunció la bendición, lo partió y dándolo a sus discípulos, dijo: —Tomen y coman; esto es mi cuerpo. Tomó luego un cáliz y, después de dar gracias, lo dio a los discípulos diciendo: —Beban todo de él, porque ésta es mi sangre, la sangre de la alianza, que se derrama por todos para el perdón de los pecados. Les digo que a partir de ahora no beberé más de este fruto de la vid hasta el día aquel en que beba con ustedes un vino nuevo en el reino de mi Padre.

Mateo 26,26-29

Oración final

Dios de misericordia, hacemos un alto a mediodía para alabarte y darte gloria. Bendícenos y bendice el trabajo que hacemos. Que seamos instrumentos de tu paz y amor. Concede lo que te pedimos en nombre de Jesucristo nuestro Señor. Amén.

La Oración de la tarde

para los lunes, miércoles y viernes

V/. Dios mío, ven en mi auxilio.
R/. Señor, date prisa en socorrerme.
V/. Gloria al Padre, y al Hijo, y al Espíritu Santo.
R/. Ahora y siempre, Amén.

Salmo 119

Antífona: Sepan que yo estoy con ustedes todos los días hasta el final de los tiempos.

Dichoso el que, con vida intachable,
camina en la voluntad del Señor.
Dichoso el que, guardando sus preceptos.
lo busca de todo corazón;
el que, sin cometer iniquidad,
anda por sus senderos.

Tú promulgas tus decretos
para que se observen exactamente.
Ojalá esté firme mi camino,
para cumplir tus consignas;

entonces no sentiré vergüenza
al mirar tus mandatos.

Te alabaré con sincero corazón
cuando aprenda tus justos mandamientos.

Quiero guardar tus leyes exactamente,
tú me no abandones.

¿Cómo podrá un joven andar honestamente?
Cumpliendo tus palabras.
Te busco de todo corazón,
no consientas que me desvíe de tus mandamientos.
En mi corazón escondo tu consignas,
así no pecaré contra ti.

Bendito eres, Señor,
enséñame tus leyes.
Mis labios van enumerando
los mandamientos de tu boca;
mi alegría es el camino de tus preceptos,
más que todas las riquezas.

Medito tus decretos,
y me fijo en tus sendas.

Gloria al Padre, al Hijo, y al Espíritu Santo. Como era en el principio, ahora y siempre por los siglos de los siglos. Amén.

ANTÍFONA

LECTURA BÍBLICA

La lectura puede tomarse un evangelio de las páginas 19-25 o de la liturgia del día.

REFLEXIÓN EN SILENCIO

EL MAGNIFICAT

(Lucas 1,46-55)

Proclama mi alma la grandeza del Señor,
se alegra mi espíritu en Dios mi salvador;
porque he mirado la humillación de su esclava.

Desde ahora me felicitarán todas las
generaciones porque el Poderoso ha hecho
obras grandes por mí:
su nombre es santo
y su misericordia llega a sus fieles
de generación en generación.

El hace proezas con su brazo:
dispersa a los soberbios de corazón,
derriba del trono a los poderosos
y enaltece a los humildes,
a los hambrientos los colma de bienes
y a los ricos los despide vacíos.

Auxilia a Israel, su siervo,
acordándose de su misericordia
—como lo había prometido a nuestros padres—
en favor de Abraham y su descendencia
por siempre.

Gloria al Padre, y al Hijo, y al Espíritu Santo.
Como era en el principio, ahora y siempre
por los siglos de los siglos. Amén.

Intercesiones

Señor, te doy gracias por todas las bendiciones de hoy.

Señor, concédenos esta tarde tus bendiciones a todos los necesitados.

Señor, rodéame con tu protección y concédeme que tenga una noche llena de paz.

(Ahora mencione sus propias intenciones.)

El Padre Nuestro

Oración Final

Señor, que nuestras oraciones vespertinas te sean agradables. Ayúdanos a vivir según las enseñanzas del evangelio. Que sigamos los pasos de tu Hijo, Jesucristo nuestro Señor, que vive y reina contigo y el Espíritu Santo, un Dios por los siglos de los siglos. Amén.

La Oración de la tarde

para los martes, jueves y sábados

V/. Dios mío, ven en mi auxilio.
R/. Señor, date prisa en socorrerme.
V/. Gloria al Padre, y al Hijo, y al Espíritu Santo,
R/. Ahora y siempre, Amén.

Salmo 121

Antífona: Vengan, coman mi pan, beban el vino que he preparado.

Levanto mi ojos a los montes:
¿de dónde me vendrá el auxilio?
El auxilio me viene del Señor,
que hizo el cielo y la tierra.

No permitirá que resbale tu pie
tu guardián no duerme;
no duerme ni reposa
el guardián de Israel.

El Señor te guarda a su sombra,
está a tu derecha;
de día el sol no te hará daño,
ni la luna de noche.

El Señor te guarda de todo mal,
él guarda tu alma;
el Señor guarda tus entradas y salidas,
ahora y por siempre.

Gloria al Padre, y al Hijo, y al Espíritu Santo.
Como era en el principio, ahora y siempre por los siglos de los siglos. Amén.

ANTÍFONA

(Vea las páginas 39-41 para la lectura bíblica, la reflexión en silencio, el cántico, las intercesiones, el Padre Nuestro *y* la oración final.*)*

La Oración de la tarde

para los domingos

V/. Dios mío, ven en mi auxilio.
R/. Señor, date prisa en socorrerme.
V/. Gloria al Padre, y al Hijo, y al Espíritu Santo,
R/. Ahora y siempre, Amén.

Salmo 122

Antífona: Vamos a la casa del Señor.

¡Qué alegría cuando me dijeron:
"Vamos a la casa del Señor!"
Ya están pisando nuestros pies
tus umbrales, Jerusalén.

Jerusalén está fundada
como ciudad bien compacta.
Allá suben las tribus,
las tribus del Señor.

Según la costumbre de Israel,
a celebrar el nombre del Señor;
en ella están los tribunales de justicia
el en palacio de David.

Desead la paz a Jerusalén:
"Vivan seguros los que te aman,
haya paz dentro de tus muros,
seguridad en tus palacios."

Por mis hermanos y compañeros,
voy a decir: "La paz contigo."
Por la casa del Señor, nuestro Dios,
te deseo todo bien.

Gloria al Padre, y al Hijo, y al Espíritu Santo.
Como era en el principio, ahora y siempre por los siglos de los siglos. Amén.

ANTÍFONA

(Vea la páginas 39-41 para la lectura bíblica, reflexión en silencio, el cántico, las intercesiones, el Padre Nuestro *y* la oración final. *Vea* las Oraciones para los diferentes tiempos del año litúrgico, *páginas 45-50, para una oración alternativa y apropiada.)*

Oraciones para los diferentes tiempos del año litúrgico

El sacrificio eucarístico es la fuente y la cumbre de toda la vida cristiana. Por eso la devoción personal o comunitaria hacia la Eucaristía, incluyendo la devoción fuera de la Misa, es recomendada fuertemente con tal que se celebre según las enseñanzas y costumbres de la Iglesia.

Al organizar servicios de oración enfocados a la adoración del Santísimo Sacramento, es recomendable tener en cuenta los diferentes tiempos que existen en el año litúrgico. Así como existen diferentes estaciones en el año y las personas que cultivan siguen sus cosechas de acuerdo al calendario, de la misma manera las devociones deben orientarse de acuerdo al calendario de la Iglesia. Las devociones deben tener su origen en la liturgia y al mismo tiempo deben guiar hacia la celebración de la liturgia. (Vea *La constitución sobre la Sagrada Liturgia, #108.)*

Oración durante el Tiempo de Adviento

Señor, inspira nuestros corazones para preparar alegremente la venida de Jesús, nuestro Salvador. Protégenos de todo peligro, y libra nuestras mentes y corazones de la tiniebla que es obstáculo a tu luz. Como anticipamos la fiesta de la navidad de tu Hijo, aumenta en nosotros la fe y la confianza en tu amor. Te lo pedimos en el nombre de Jesucristo nuestro Señor. Amén.

Oración durante el Tiempo de Navidad

Cuando un silencio apacible lo envolvía todo, y la noche llegaba a la mitad de su veloz carrera, tu omnipotente palabra se lanzó desde el cielo.

Sabiduría 18,14-15

Señor Jesús, tú estás presente aquí en el Santísimo Sacramento, de la misma manera que estabas presente en Belén en tu nacimiento. Durante este tiempo en que celebramos entre nosotros tu venida, llénanos de fe, esperanza y caridad. Que la luz de tu presencia brille entre nosotros mismos a través de nuestros pensamientos, palabras y obras. Amén.

Oración durante el Tiempo de Cuaresma

Te adoramos Cristo y te bendecimos, porque por tu santa cruz redimiste al mundo.

Señor Jesucristo, por tu pasión, muerte y resurrección nos has redimido. Al acercarnos a ti en la presencia eucarística, fortalécenos y protégenos de todo mal. Que por los méritos de tu pasión podamos experimentar en nuestras vidas tu amor y misericordia. Amén.

Oración durante el Tiempo de Pascua

V/. Aleluya. Cristo ha llegado para nuestro sacrificio pascual;
R/. alegrémonos de todo corazón. Aleluya.
V/. Este es el día en que actuó el Señor;
R/. sea él nuestra alegría y nuestro gozo. Aleluya.

Jesús resucitado, lléname con la alegría de tu Resurrección. Rodéame con tu luz brillante y con tu gloria. Transforma todas los aspectos de mi vida que necesitan ser aliviados por ti.

Susurra mi nombre, como susurraste el de María Magdalena. Ayúdame a conocerte en la Eucaristía, como les enseñaste a los discípulos en el camino a Emaús en la fracción del pan.

Déjame tocarte y como santo Tomás, decir: "Mi Señor y mi Dios". Jesús resucitado, cúbreme con el brillo de tu amor. Déjame ser tu mensajero de paz, alegría y amor para todos. Amén.

Oración para el Tiempo de Pentecostés

Señor Jesucristo, el don del Espíritu Santo vive entre nosotros y en la Iglesia entera. Durante este tiempo de Pentecostés te pido que abras mi mente y mi corazón a la consolación y poder del Espíritu Santo.

Espíritu Santo, ven a mi alma; fortaléceme para pensar como Jesucristo, tener la voluntad de Jesucristo, actuar y aguantar los sufrimientos como Jesucristo. Espíritu Santo, permíteme vivir como testigo del Evangelio de Jesús. Amén.

Oración para el Tiempo Ordinario

Dios, nuestro Padre,
Tú eres la fuente de toda vida y bondad.
Condúcenos en el camino de tus mandamientos.
Qué siempre hagamos lo que te agrade,
a través de nuestros pensamientos, palabras y obras.
Te lo pedimos por Jesucristo tu Hijo,
que vive y reina contigo
y el Espíritu Santo, un solo Dios,
por los siglos de los siglos. Amén.

Como hacer una Hora Santa

Una hora santa eucarística es un tiempo que se dedica a estar en la presencia de Jesús Sacramentado. Esta costumbre para muchas personas consiste en hacer una visita de una media hora delante del Santísimo Sacramento, ya sea ante el tabernáculo o expuesto sobre el altar. Una hora santa se pueda practicar ya sea solo o con otras personas. Muchas parroquias de hoy tienen una hora (o unas horas) especialmente arregladas para dejar expuesto el Santísimo, ya sea diario, cada semana o cada mes.

La práctica de la adoración eucarística

1. Vaya a una iglesia o capilla donde se encuentra el Santísimo Sacramento reservado o expuesto.
2. Al entrar, haga una genuflexión o una inclinación reverente, arrodíllese o siéntese. Concéntrese en la presencia de Jesús en la eucaristía y haga un acto de adoración.
3. Se puedan usar las oraciones de este librito de las páginas 56-57, "Las Visitas al Santísimo". O usted pueda usar cualquier otra oración de su preferencia.

Algo de lo que San Alfonso escribió sobre la eucaristía

San Alfonso de Liguori, el gran Doctor de la oración, escribió lo siguiente sobre la práctica de hacer una visita privada al Señor presente en el Santísimo Sacramento.

> Tengan por cierto que Jesucristo encuentra los medios para consolar a la persona en cuerpo y alma que abre su mente y corazón ante la

presencia del Santísimo, mucho más allá de lo que puede ofrecer el mundo con todos sus placeres y diversiones. Que dulce experiencia es la alegría de pasar este tiempo delante de un altar con fe y devoción cariñosa, o en una conversación íntima con Jesucristo. Él está allí sin ningún otro propósito más que el de escuchar y amablemente oír a quienes les ofrecen sus oraciones, a quienes le piden perdón por las ofensas que le hacen. Jesús está allí de la misma manera que un amigo a quien se le tiene mucha confianza. Jesús está allí para dar la gracia y el amor a quienes se lo pidan y está allí para dar el Reino a quienes se lo pidan.

Del libro: The Holy Eucharist

En breve, San Alfonso sugiere:

1. Ponerse en la presencia de Jesús Sacramentado.
2. Platicar con Jesucristo como si se hablara con un amigo.
3. Pedir perdón de los pecados y faltas.
4. Decirle a Jesús nuestras necesidades.
5. Pedirle un amor más grande hacia Dios y nuestros vecinos.

6. Permanecer en su presencia, ofreciéndole nuestras oraciones y alabanzas.

Y continúan las palabras de San Alfonso:

> Deben darse cuenta que durante quince minutos de oración pasados en la presencia del Santísimo Sacramento, quizá se consigue más beneficio espiritual que en todos los otros actos de piedad hechos durante el día. Igualmente se puede decir que Dios escucha las peticiones y plegarias de cualquier persona en cualquier lugar. Así es la promesa de Jesús que dice, "Pidan y recibirán" (Juan 16,24).
>
> *Del libro: The Holy Eucharist*

La comunión espiritual es otro piadoso ejercicio de adoración eucarística. De este tema escribe el mismo San Alfonso:

> La comunión espiritual, según Santo Tomás de Aquino, consiste en un anhelo ardiente de recibir a Jesús en el Santísimo Sacramento, abrazándolo con amor, como si hubiésemos

recibido la hostia. A quienes desean avanzar en el amor de Jesucristo se les exhorta a hacer una comunión espiritual por lo menos una vez durante cada visita al Santísimo Sacramento. Esta devoción tiene más valor de lo que algunos suponen y al mismo tiempo es completamente fácil de practicar.

Del libro: The Holy Eucharist

Un acto de comunión espiritual

Jesús, creo que estás presente en el Santísimo Sacramento.
Te amo y deseo que vengas a mi alma y corazón.
No permitas que vuelva a separarme de tu amor.
Amén.

Oraciones a Jesús presente en el Santísimo Sacramento

Visitas al Santísimo Sacramento por San Alfonso

Mi Señor Jesús, creo que realmente estás presente aquí en este sacramento. De noche y de día te quedas aquí lleno de amor. Llamas, esperas y recibes a quien viene a visitarte.

Sé que soy una persona con virtudes y con debilidades que se atreve a adorarte. Te agradezco por las bendiciones que a cada instante recibo de ti. ¿Cómo darte las gracias por haberte quedado presente en este sacramento, porque le has pedido a María, tu mamá ser mi mamá también y porque me pediste que viniera a platicar contigo?

Hoy estoy aquí ante ti por tres cosas: para agradecerte por tus bendiciones; para rogar por las personas que te ofenden en este sacramento; y para alabar tu presencia en todos los lugares de la tierra donde estás en la forma de pan vivo.

Jesús mío, te amo con todo mi corazón. Sé bien que te he ofendido tantas veces en el pasado, perdóname; y con la ayuda de tu gracia no vuelva a ofenderte. Sé que soy una persona pecadora pero quiero dedicar mi alma y corazón a ti. Te ofrezco mi voluntad, mis afectos, mis deseos, todo cuanto me pertenece. De hoy en adelante haz de mi cuanto te agrade. Lo que yo quiero y te pido es tu amor y una perfecta obediencia a tu voluntad hasta el fin de mi vida.

Ruego por las almas del purgatorio, especialmente las más devotas del Santísimo Sacramento y de tu madre María. Te ruego por aquellas personas que pecaron y son de corazón duro. Jesús, que pueda seguir tus enseñanzas de amor. Amén.

Comunión Espiritual

(Se puede rezar después de cada visita al Santísimo.)
Creo, Jesús mío, que tú realmente estás aquí en el Santísimo Sacramento. Quiero amarte sobre todas las cosas y deseo recibir tu Santísimo Cuerpo y Sangre dentro de mi alma. Ya que no puedo recibir la Comunión ahora, alimenta mi alma espiritualmente y también así me uno a ti ahora de la misma manera como cuando te recibo en la hostia consagrada. No permitas que vuelva a separarme de tu presencia. Amén.

(Si gusta, puede leer una lectura bíblica de las páginas 19-25.)

Oraciones del corazón

¡O amado Jesús, mí Dios! Tú me amas con un amor excelente. ¿Qué más puedes hacer para que te ame un pueblo ingrato? Si tuviéramos un amor verdadero hacia ti, todas las iglesias del mundo estarían llenas de personas postradas ante ti alabándote en acción de gracias. Estaríamos ardientes de tu amor, fijándonos con ojos de fe en ti que estás en el tabernáculo. Pero no es así; nos olvidamos de ti y de tu amor. Tenemos más atención a la persona que nos puede hacer un favor o de quien podemos sacar cierta ventaja y por eso no te ponemos atención, te dejamos solo y abandonado. ¡Qué daría por recuperar el tiempo que no te he dedicado! Perdóname porque no me he portado bien y he sido una persona ingrata. Intentaré a partir de ahora enmendarme, poniendo más atención a tus enseñanzas y haciendo el bien, para de esa forma expresar mi servicio hacia ti. Que tu amor me inspire para que a partir de ahora yo viva amándote y agradeciéndote. Tú mereces el amor de todas las personas. Si alguna vez te he despreciado, de hoy en adelante deseo amarte. Jesús mío, tú eres el amor de mi vida, mi único tesoro. Como el apóstol Tomás dijo "¡Señor mío y Dios mío!" (Juan 20,28).

Ruega por mí, Virgen María, para que obtenga el amor del Santísimo Sacramento.

Acto de adoración

Te adoro Jesús, verdadero Dios y hombre, presente en la eucaristía. Ante ti me pongo junto con las personas de todo el mundo y los santos en el cielo para venerarte. Te agradezco por el don de este sacramento, te amo con todo mi corazón y te proclamo digno de toda alabanza y adoración.

Señor Jesucristo, ¡que jamás te ofenda por falta de mi amor! ¡Qué tu presencia en la eucaristía renueve mi cuerpo y alma. María, Madre del Jesús sacramentado, ruega por mí para que pueda desear amar a Jesús con todo mi ser! Amén.

Oración a Jesús sacramentado

Señor mío Jesucristo, tu presencia en la eucaristía me enseña a amar así como tú me has amado.

En tu gran amor por mí, sigues entregando tu mismo cuerpo, sangre, alma, y divinidad en este sacramento de tu amor.

Al estar haciendo mis oraciones ante tu presencia en la eucaristía, enciende en mí el fuego de tu evangelio. Alimenta mi alma con tu amor y compasión para que sea tu presencia viva para todos a quienes encuentre. Amén.

Oraciones breves al corazón eucarístico de Jesús

I.

Corazón eucarístico de Jesús,
llena mi corazón del mismo
amor que arde dentro de ti.
Que me vuelva una persona de caridad
y misericordia hacia quienes viven
con dolor y sufren.
Que llegue a ser evangelio vivo
de tu amor compasivo.

II.

Corazón eucarístico de Jesús,
lléname de fe, esperanza, y caridad.
Cuando me falte caridad,
ayúdame a ver tu presencia
en quienes están alrededor de mí.
Aumenta mi fe,
cuando sea difícil entender lo que pasa.
Otórgame esperanza,
cuando toda mi vida parezca vacía y abandonada.
Que tu presencia en el Santísimo
del altar me dé valor y fuerza.

III.

Corazón eucarístico de Jesús,
Tu don en la eucaristía me
da la fuerza para el camino de la vida.
Transfórmame en tu discípulo y envíame
a los necesitados de tu amor.
Que llegue a ser tus manos
sirviendo a los desamparados.
Que sea tu corazón para los que no son amados.
Rodéame de tu luz y déjame
ser instrumento de tu paz y alegría.

IV.

Corazón eucarístico de Jesús,
muchas veces siento la vida
difícil y llena de ansiedad.
Ayúdame en los tiempos de duda
para que yo venga a tu presencia en la eucaristía.
Sé mi fuerza, mi roca, mi fortaleza, y mi refugio.
Ayúdame, por el poder de tu Espíritu Santo
a sentir la luz de tu Resurrección,
rodéame y protégeme de todo peligro.
En ti espero, confío en ti,
y sé que nunca sufriré una desilusión.

Oraciones para después de la Misa

Oración a Jesús en la Cruz

Buen Jesús, me postro en tu presencia con verdadero dolor de mis pecados y un propósito de enmendarme, te ruego con el mayor fervor que imprimas en mi corazón sentimientos vivos de fe, esperanza, y caridad. Con amor y con gran pesar en mi alma, observo tus cinco llagas, teniendo presente lo que el profeta David dijo: “Taladran mis manos y mis pies, puedo contar todos mis huesos” (Salmo 22,17-18).

Alma de Cristo (Anima Christi)

Alma de Cristo, santifícame.
Cuerpo de Cristo, sálvame.
Sangre de Cristo, embriágame.
Agua del costado de Cristo, lávame.
Pasión de Cristo, confórtame.
¡Oh buen Jesús!, óyeme.
Dentro de tus llagas, escóndeme.
No permitas que me aparte de ti.
Del enemigo maligno defiéndeme.
En la hora de mi muerte llámame y
mándame ir a ti,
para que con tus santos te alabe
por los siglos de los siglos. Amén.

Oración de San Francisco de Asís

Señor, hazme instrumento de tu paz.
Donde haya odio, siembre yo amor;
donde haya injuria, perdón;
donde haya duda, fe;
donde haya tristeza, alegría;

donde haya desaliento, esperanza;
donde haya sombras, luz.

¡Oh, Divino Maestro!, que no busque ser consolado, sino consolar; que no busque ser amado, sino amar; que no busque ser comprendido, sino comprender. Porque dando es como recibimos; perdonando es como tú nos perdonas; y muriendo en ti, es como nacemos a la vida eterna.

Oración recitada por San Juan XXIII

Yo creo Señor, pero déjame creer más firmemente. Tengo esperanza, pero déjame esperar con más confianza. Amo, pero déjame amar ardientemente. Me arrepiento de mis pecados, pero déjame arrepentirme más sinceramente.

Señor, ésta es mi petición: que ilumines mi mente, que enciendas mi voluntad, que limpies mi corazón, y santifiques mi alma. Que tu sabiduría me guíe, rodéame con tu justicia, consuélame con tu misericordia, protégeme con tu poder. Déjame derramar lágrimas por mis pecados pasados; déjame resistir tentaciones futuras.

Déjame enmendar mis inclinaciones al pecado y cultivar virtudes santas. Hazme prudente en mis juicios, firme en el tiempo de peligro, paciente en las dificultades y humilde en mis decisiones.

Déjame superar el placer malo con austeridad, la avaricia con generosidad, el enojo con mansedumbre y la tibieza con fervor.

Otórgame Señor, que sea atento a la oración, moderado en la comida y bebida, diligente en mi trabajo y firme en mis decisiones. Déjame aprender de ti lo frágil que son las cosas terrenas y que las divinas son grandes, que breves son las cosas temporales y que permanentes son las cosas eternas.

Concédeme que pueda prepararme bien para la muerte, temblar ante el juicio final, escapar del infierno, conseguir el cielo, por Cristo nuestro Señor. Amén.

Oración de San Columbano

Señor, te pido me concedas en el nombre de Jesucristo, tu Hijo, mi Dios, el amor que nunca falla. Deseo que mi lámpara esté siempre encendida, nunca extinguida, y que ella arda dentro de mí y provea luz por otros. Jesucristo, enciende nuestras lámparas, para que siempre resplandezcan en tu templo y reciban la luz eterna de ti; para que nuestra propia tiniebla se ilumine y que las tinieblas del mundo sean expulsadas lejos de nosotros. Pon en mi lámpara la luz suficiente para que brille y pueda ver el lugar Santo de los Santos, donde tú eres el eterno sacerdote. Qué yo te ame y te contemple a ti; qué mi lámpara siempre arda y brille delante de ti.

Amado Salvador, manifiéstate en nosotros que te buscamos, para que conociéndote podamos amarte solo a ti; desearte a ti, contemplándote día y noche y mantenerte siempre en nuestra mente. Que nuestros afectos hacia ti se extiendan por todo nuestro corazón. Que nuestras almas se fijen en ti. Que el amor por ti llene nuestros sentidos. Que conozcamos tu amor que es eterno, Señor Jesucristo; a ti sea la gloria por los siglos de los siglos. Amén.

Oraciones para rezar en el día

Oración a Jesucristo

Cristo, ayer y hoy,
principio y fin,
el Alfa y el Omega.
Tuyo es el tiempo
y la eternidad;
a Él la gloria y el poder
por los siglos de los siglos. Amén.

Tres oraciones breves

Señor Jesucristo,
por tus santas y gloriosas heridas,
ten piedad.

Señor mío y Dios mío.

Mi Dios y mi Todo.

Oración a María

Santísima Virgen María, tú fuiste elegida por el Padre para ser la madre de su Hijo, nuestro Señor Jesucristo. Tu aceptación del Verbo Encarnado ha traído alegría para toda la Iglesia, y salvación para todo el mundo. Obténnos por tus oraciones un amor más profundo del misterio de la eucaristía. Que nuestra devoción para el Señor Jesucristo, presente en el sacramento de su amor, nos traiga un día la participación en el banquete celestial. María, madre de Cristo, intercede por nosotros. Amén.

La enseñanza de la Iglesia sobre la Eucaristía

Estas reflexiones están tomadas del *Catecismo de la Iglesia Católica* (CIC) y del documento *Eucharistiae Sacramentum* del 21 junio de 1973; los cuales nos ofrecen la base firme sobre la cual establecemos nuestra experiencia de la adoración eucarística.

> Cristo el Señor realizó esta obra de la redención humana y de la perfecta glorificación de Dios, preparada por las maravillas que Dios hizo en el pueblo de la Antigua Alianza,

principalmente por el misterio pascual de su bienaventurada pasión, de su resurrección de entre los muertos y de su gloriosa ascensión. Por este misterio, "con su muerte destruyó y con su resurrección restauró nuestra vida." Pues del costado de Cristo dormido en la cruz nació el sacramento admirable de toda la iglesia *(Vean Constitución sobre la Sagrada Liturgia #5)*. Por eso, en la liturgia, la Iglesia celebra principalmente el misterio pascual por el que Cristo realizó la obra de nuestra salvación.

CIC #1067

El modo de presencia de Cristo bajo las especies eucarísticas es singular. Eleva la Eucaristía por encima de todos los sacramentos y hace de ella "como la perfección de la vida espiritual y el fin al que tienden todos los sacramentos." En el santísimo sacramento de la Eucaristía están "contenidos *verdadera, real y substancialmente* el Cuerpo y la Sangre junto con el alma y la divinidad de nuestro Señor Jesucristo, y, por consiguiente, *Cristo entero*." "Esta presencia se denomina 'real,' no a título exclusivo, como si las otras presencias no fuesen 'reales,' sino por excelencia, porque es substancial, y por ella Cristo, Dios y hombre, se hace totalmente presente."

CIC #1374

El Concilio de Trento resume la fe católica cuando afirma: "Porque Cristo, nuestro Redentor, dijo que lo que ofrecía bajo la especie de pan era verdaderamente su Cuerpo, se ha mantenido siempre en la Iglesia esta convicción, que declara de nuevo el Santo Concilio: por la consagración del pan y del vino se opera el cambio de toda la sustancia del pan en la sustancia del Cuerpo de Cristo nuestro Señor y de toda la sustancia del vino en la sustancia de su Sangre; la Iglesia católica ha llamado justa y apropiadamente a este cambio *transustanciación*."

CIC #1376

En la liturgia de la Misa expresamos nuestra fe en la presencia real de Cristo bajo las especies de pan y de vino, entre otras maneras, arrodillándonos o inclinándonos profundamente en señal de adoración al Señor. "La iglesia católica ha dado o continúa dando este culto de adoración que se debe al sacramento de la Eucaristía no solamente durante la Misa, sino también fuera de la celebración: conservando con el mayor cuidado las hostias consagradas, presentándolas a los fieles para que las veneren con solemnidad, llevándolas en procesión."

CIC #1378

El tabernáculo estaba primeramente destinado a guardar dignamente la Eucaristía para que pudiera ser llevada a los enfermos y ausentes fuera de la Misa. Por la profundización de la fe en la presencia real de Cristo en su Eucaristía, la Iglesia tomó conciencia del sentido de la adoración silenciosa del Señor presente baja las especies eucarísticas. Por eso, el tabernáculo debe estar colocado en un lugar particularmente digno de la Iglesia; debe estar construido de tal forma que subraye y manifieste la verdad de la presencia real de Cristo en el santísimo sacramento.

CIC #1379

Que [los fieles] recuerden también que por la oración de este tipo delante de Cristo en el Santísimo Sacramento están prolongando aquella unión efectuada en la Santa Comunión. Renuevan la alianza que les compromete a practicar en su conducta de vida lo que han recibido en fe de la celebración y recepción de la Eucaristía. Por consiguiente, que procuren vivir alegremente en cada momento por la fuerza de este alimento celestial, como participan en la muerte y resurrección del Señor. Entonces, cada persona debe anhelar hacer buenas obras y agradar a Dios, deseando llenar la tierra de un espíritu cristiano, siendo testigo fiel de Cristo por todas partes de la sociedad humana.

Eucharistiae Sacramentum, #81

¡En adelante!

Vayan y hagan discípulos a todos los pueblos y bautícenlos para consagrarlos al Padre, al Hijo y al Espíritu Santo, enseñándoles a poner obra todo lo que les he mandado. Y sepan que yo estoy con ustedes todos los días hasta el final de los tiempos.

Mateo 28,19-20

Señor Jesucristo, he pasado este tiempo de oración y adoración ante tu presencia en la eucaristía. Lléname de caridad, alegría, paz y bondad. Transfórmame con la fuerza de tu Espíritu Santo para que sea una imagen viva de tu presencia compasiva. Pues de verdad somos "…hijos de la luz, hijos del día" (1 Tesalonicenses 5,5) llamados a para predicar el evangelio a todos los pueblos. Que como fruto de este tiempo dedicado ante tu presencia sea tus manos y tus pies, aun tu corazón, para todos a quienes me encuentre. Jesús resucitado, que el resplandor de tu amor me rodee. Amén.

Plegaría a Jesucristo Eucaristía

Padre Dios, creemos que eres creador
de todas las cosas
y que te nos haz hecho cercano en el rostro
de tu Hijo,
concebido de María Virgen por obra
del Espíritu Santo,
para ser nuestra condición y garantía
de vida eterna.

Creemos, Padre providente,
que por la fuerza de tu Espíritu el pan y
el vino se transforman en el cuerpo
y la sangre de tu Hijo,

flor de harina que aligera el hambre del camino.

Creemos, Señor Jesús, que tu Encarnación
se prolonga en la simiente de tu cuerpo Eucaristía,
para dar de comer a los hambrientos
de luz y de verdad,
de amor y de perdón, de gracia y salvación.

Creemos que en la Eucaristía te prolongas
en la historia,
para alimentar la debilidad del peregrino,
y el sueño del que anhela dar fruto en su trabajo.
Sabemos que en Belén, la "casa del Pan",
el Padre Eterno preparó en el vientre
de María Virgen,
el pan que ofrece a los hambrientos de infinito.

Creemos, Jesús Eucaristía,
que estás real y verdaderamente
presente en el pan y el vino consagrados,
prolongando tu presencia salvadora
y ofreciendo a tus ovejas pastos
abundantes y aguas claras.

Creemos que los ojos se engañan al ver pan
y nuestra lengua se equivoca al probar vino,

porque estás Tú todo entero,
ofrecido en sacrificio y dando vida al mundo,
de paraíso siempre hambriento.

Aquella noche del Cenáculo,
al tomar, Señor, el pan y el vino entre tus manos,
estabas ofreciéndolos a todos,
por los años y siglos infinitos.

Contigo, Cordero de la Alianza,
se elevan en cada altar donde te ofreces al Padre,
los frutos de la tierra y del trabajo del hombre,
la vida del creyente,
la duda del que busca,
la sonrisa de los niños,
los proyectos de los jóvenes,
el dolor de los que sufren
y la ofrenda del que da y se da a sus hermanos.

Creemos, Señor Jesús,
que tu bondad ha preparado
una mesa para el grande y el pequeño,
y que en tu mesa hermanos nos hacemos
hasta dar la vida unos por otros,
como Tú lo hiciste por nosotros.

Creemos, Jesús, que sobre el altar
de tu sacrificio,
recuperamos la fuerza de una débil carne,
que no responde siempre a
los anhelos del espíritu,
pero que tú transformarás a imagen de tu cuerpo.

Creemos que en la mesa preparada para todos,
siempre habrá un lugar para el que busca,
un espacio para el marginado de la vida,
superando los signos de la muerte,
inaugurando cielos nuevos y una tierra nueva.

Creemos, Jesús, que no has dejado
a tus hermanos solos,
permaneces discreto en el sagrario
de la conciencia
y en el pan y el vino de tu mesa,
como luz y fuerza del débil peregrino.

Creemos, en fin, que en los inicios
del Tercer Milenio
te haces compañero en el camino.
"Remar mar adentro" es la consigna,
en este momento de tu Iglesia,

para construir, llenos de esperanza,
una nueva etapa de la historia.

Gracias, Jesús Eucaristía, por impulsarnos
a una nueva evangelización por Ti fortalecida.
Que tu Madre acompañe a los que aceptan
vivir y anunciar tu Palabra,
y que su intercesión haga fecunda tu semilla.

Amén.